ALLOCUTION

PRONONCÉE

PAR

MONSEIGNEUR FONTENEAU

ÉVÊQUE D'AGEN

DANS L'ÉGLISE NOTRE-DAME DE BORDEAUX

Le 6 Mai 1876

A l'occasion du Mariage de M. Joseph-Gustave Lemarchand

ARCHITECTE

Avec Mlle Thérèse Larré

AGEN

P. NOUBEL, IMPRIMEUR DE L'ÉVÊCHÉ — F. LAMY, SUCCESSEUR

1876

ALLOCUTION

PRONONCÉE

PAR

MONSEIGNEUR FONTENEAU

ÉVÊQUE D'AGEN

DANS L'ÉGLISE NOTRE-DAME DE BORDEAUX

Le 6 Mai 1876

A l'occasion du Mariage de M. Joseph-Gustave Lemarchand

ARCHITECTE

Avec Mlle Thérèse Larré

« Nisi Dominus ædificaverit domum, in vanum laboraverunt
« qui ædificant eam. [1] »

« Si le Seigneur ne construit lui-même une maison, c'est
« en vain que travaillent ceux qui la construisent. »

Telle est, mes chers Enfants, la grande loi que l'Esprit-Saint a formulée pour la formation et la stabilité de cet édifice moral, qu'on nomme *la famille*. Le Seigneur doit y intervenir : il faut que sa main divine en bénisse le fondement, en unisse les parties par le ciment de l'amour, et en couronne le sommet par le complément indispensable des vertus domestiques et chrétiennes.

---

[1] Ps. 126. v. 1.

A l'origine des siècles, quand le Créateur, après avoir tiré l'univers du néant, voulut enrichir ce temple incomparable du chef-d'œuvre d'architecture, qui s'appelle l'homme, il ne se contenta pas de commander à la matière choisie comme élément, il daigna façonner, de ses doigts divins, cette noble et royale structure, qui raconte si bien, par l'harmonie de ses traits, la majesté de son port, la perfection de son ensemble et de ses détails, l'habileté infinie de l'ouvrier.[1] Voilà comment le Seigneur agit dans la création de l'homme.

Il se servit d'un procédé semblable pour l'institution de la famille, c'est-à-dire qu'il y mit l'empreinte de sa main.

Il est bon d'étudier ce touchant mystère, qui cache d'admirables révélations, d'où découlent de précieux enseignements.

Après avoir placé Adam au milieu du Paradis terrestre, Jéhovah, le Seigneur dit : « Il n'est pas opportun que l'homme reste seul ; l'isolement serait un danger et un malheur.[2] Donnons-lui une compagne qui lui ressemble ; elle l'inspirera dans ses travaux ; elle le soutiendra dans ses épreuves, elle le consolera dans ses tristesses, elle s'associera également à son bonheur. Partagées, les douleurs seront moins amères et les joies plus douces.[3]

« Et Dieu envoya à Adam un profond sommeil, pendant

---

[1] Os homini sublime dedit cœlumque tueri,
Jussit et erectos ad cœlum tollere vultus. (Virg.)

[2] Væ soli, quià cùm ceciderit, non habet sublevantem se. (Eccle. c. IV, v. 10).

[3] Faciamus ei adjutorium simile sibi (Gen. 11-18)..... sociam (ibid. III. 12.)

« lequel il prit une de ses côtes... Et il en forma la femme.[1] »
Telle fut l'origine de la famille et de la société.

En lisant ces versets de la Genèse, si simples dans leur expression, mais d'une si haute portée dans leur sens intime, il est difficile de se défendre d'une impression profonde.

Des esprits incrédules et superbes n'ont voulu y voir qu'une allégorie. D'autres ont osé sourire de ces détails, les trouvant indignes de Dieu. Je le comprends, ils se sont arrêtés à la surface, et ils n'ont pas pénétré le mystère.

Écoutez, mes chers Enfants, l'explication qu'en donne la foi par les lèvres d'un homme qui fut le premier des théologiens, le plus beau génie et l'un des plus grands saints de son siècle, Saint-Thomas d'Aquin :

« La femme, dit-il, eut une création exceptionnelle, comme Adam avait eu la sienne. Dieu consacra ainsi la dignité des deux ancêtres du genre humain. Ève fut tirée de la substance même d'Adam, afin que l'homme fût lui seul le principe de toute son espèce, comme Dieu est le seul principe de tout l'univers. Elle ne fut pas créée de la tête de l'homme, parce qu'elle n'était pas destinée, dans le dessein de Dieu, à dominer l'homme par l'intelligence ; elle ne fut point créée des pieds d'Adam, parce qu'elle ne devait être ni l'esclave, ni la servante de l'homme ; mais elle fut formée de la substance la plus voisine du cœur de l'homme, parce qu'il devait aimer cette moitié de lui-même, cette compagne semblable à lui, avec la tendresse la plus vive.[2] »

Telle est la révélation du mystère. De même que Dieu est le créateur de l'homme, de même il est l'auteur de la famille ; il a daigné se mettre à la base, et, en la constituant,

---

[3] Gen. II, 21 et 22.
[4] S. Th. Sum. Theol. 1ª Pars. Quæst. 61, art. 1.

il a résumé les lois qui devaient la régir, dans celle de l'amour.

Ces sublimes notions, promulguées dès le commencement, et gravées au cœur de l'humanité, ne tardèrent pas à être oubliées ; ce fut l'œuvre de Satan et du péché. Les générations s'éloignèrent du Seigneur et finirent par le méconnaître, puisqu'il vint un temps où « tout était Dieu, excepté Dieu lui-même.[1] » Or dès que les familles et les sociétés ne reposèrent plus sur leur fondement indispensable, l'harmonie cessa d'y régner ; on ne vit que le despotisme en haut, l'esclavage en bas et la dégradation au milieu. Voilà l'histoire des quatre mille ans qui ont précédé le christianisme.

Mais Jésus-Christ, qui est venu restaurer l'humanité tout entière, et par conséquent la famille aussi bien que l'homme, a fait *surabonder le remède, là où abondait le mal*.[2]

Il se plaça lui-même au sein d'une famille modèle, qu'il voulait proposer à l'imitation des peuples et des siècles. Plus tard il voulut approuver et honorer, consacrer et sanctifier par sa présence les cérémonies nuptiales.[3] Enfin il éleva le mariage à la dignité d'un *sacrement* et il fit de la famille un *sanctuaire*.

De ces considérations, mes chers Enfants, il est temps de déduire des conclusions pratiques.

Vous voici agenouillés au pied des autels pour sceller une union que Dieu s'est plu à nouer d'une manière providen-

---

[1] Bossuet.
[2] Ubi autem abundavit delictum, superabundavit gratia. (Rom. c. v, v. 20.)
[3] Noces de Cana. (Joan. c. II, v. 1 et suiv.)

tielle. Or si vous voulez qu'elle reçoive, avec les bénédictions d'en Haut, un gage de durée, vous devez la *fonder sur Dieu* et la cimenter par le *véritable amour.*

Puisqu'il s'agit pour vous, non point d'une société d'un jour, mais d'une société perpétuelle, Celui-là seul peut la consacrer et la garantir qui s'appelle l'Éternel. Puisqu'il s'agit pour vous, non point d'une société apparente, mais d'une société de cœur, il faut qu'un amour respectueux et fidèle la maintienne, qu'un amour plein d'une délicate condescendance la charme et la resserre, qu'un amour chrétien la sanctifie.

Vous, mon cher enfant, vous savez par des principes acquis et déjà confirmés à l'aide de l'expérience, qu'un édifice, pour être solide, doit reposer sur des bases inébranlables et avoir des constructions parfaitement unies. Vous savez même, car vos études spéciales vous l'ont appris, qu'un monument, n'a de grandeur et de majesté, qu'à la condition d'être conçu d'après un idéal qui porte le *cachet du divin.* Et sous ce rapport, vous aurez à suivre les traces glorieuses d'un homme, dont vous devenez en quelque sorte le descendant, qui a illustré sa vie par des œuvres impérissables et qui a immortalisé son nom dans la ville de Bordeaux.[1]

Eh bien! il n'en est pas autrement dans le monde moral, et il importe en ce jour que cette leçon se grave dans votre cœur pour n'en être jamais effacée. Vous posez aujourd'hui les bases d'un édifice, qui doit s'élever jusqu'à l'éternité; or, il n'y a pas de fondement sérieux en dehors de Dieu,

---

[1] M. de Thiac, grand-père de Mlle Larré, auteur du Palais-de-Justice, de l'établissement des Sourdes-Muettes, etc. L'édilité bordelaise a cru devoir perpétuer sa mémoire, en donnant son nom à une des rues de la cité.

ni d'élévation possible en dehors d'un amour chrétien. *Nisi Dominus œdificaverit domum, in vanum laboraverunt qui œdificant eam.* Et, à ce point de vue, je tiens à vous citer l'exemple d'un autre homme, frère du premier, qui, de concert avec sa digne compagne, ajoute à son nom un nouveau reflet de gloire, en multipliant autour de lui les œuvres bonnes et grandioses sur cette terre de la Charente, objet de ses prédilections.[1]

Et vous, ma chère Fille, ai-je besoin de vous rappeler ces enseignements ? N'ont-ils pas fait, pendant votre vie, l'objet continuel de vos préoccupations et de vos efforts?... Vous avez puisé dans les conseils et les exemples d'un père, qui a su conquérir l'estime universelle et la considération particulière de la magistrature, dans les leçons et les soins d'une mère éminemment sérieuse et chrétienne, en un mot dans un intérieur de famille modèle, ces pensées nobles et droites, ces sentiments d'exquise délicatesse, cette piété douce et aimable qui vous distingue. Vous avez développé ces germes heureux dans une éducation intime, où les dons du cœur ont trouvé leur épanouissement à côté de ceux de l'intelligence. Ainsi formée, vous avez grandi sous l'œil paternel et maternel, mais surtout sous le regard de Dieu, ne vous préoccupant que de l'aimer et de lui plaire, et attendant de lui, avec autant de calme que de confiance, l'accomplissement de sa sainte volonté sur vous. Oh! je bénis et je remercie la Providence d'être venue vous prendre pour vous rapprocher d'une âme qui m'est chère, et avec qui vous partagerez à jamais les sollicitudes et les tendresses de ma paternité spirituelle !

---

[1] M. de Thiac, grand-père de Mme Lard, ancien du Palais-de-Justice.

[1] M. Eugène de Thiac, Président de la Société d'agriculture, sciences, arts et commerce de la Charente, ancien Conseiller général, insigne bienfaiteur de son église paroissiale.

Vous rencontrerez aussi, laissez-moi vous le dire, dans la nouvelle famille que vous adoptez, deux mères selon le cœur de Dieu, qui seront trop heureuses de vous donner toute leur affection comme à une fille bien-aimée. Enfin vous trouverez (je me plais à évoquer ce souvenir, quoique plein de tristesse), l'exemple dans le passé, et, j'aime à le croire, la protection présente dans le Ciel, de celui dont vous porterez honorablement le nom.

Et tous deux, mes chers Enfants, je vous invite, en finissant, à jeter un regard sur cette auguste famille de Nazareth, dont je vous parlais tout à l'heure, où l'on vit une Vierge-Mère et un Enfant-Dieu, famille modèle que l'Église vous montre, dans sa gloire du Ciel, comme le type et la protectrice de la famille chrétienne sur la terre. C'est là que vous devrez souvent puiser les exemples et solliciter les grâces qui vous guideront et vous fortifieront dans la vie.

C'est ce que nous demandions naguère ensemble à Notre-Dame de Lourdes, dans le Sanctuaire des Miracles et sous la grotte des Apparitions. C'est ce que vous demandiez hier dans une prière et une communion ferventes. C'est ce que je vais demander, de concert avec cette nombreuse et sympathique assistance, pendant la célébration du sacrifice trois fois saint.

Ma chère fille, que Marie, mère de Jésus, soit toujours votre avocate et votre modèle!

Mon fils bien-aimé, que Saint-Joseph, époux de Marie, et votre glorieux patron, soit votre intercesseur et votre exemplaire préféré!

Que Jésus enfin soit à jamais le trait d'union et le centre de l'amour qui doit vous attacher l'un à l'autre!

Ainsi-soit-il!

www.ingramcontent.com/pod-product-compliance
Lightning Source LLC
Chambersburg PA
CBHW071419060426
42450CB00009BA/1952